Рабби Дов-Бер Пинсон

# Связь с вечностью

Смысл заповеди обрезания

брит-мила

IYYUN PUBLISHING

IYYUN
PUBLISHING

Published by IYYUN Publishing
232 Bergen Street
Brooklyn, NY 11217

www.IYYUN.com

Iyyun Publishing books may be purchased for educational, business or sales promotional use. For information please contact: contact@IYYUN.com

cover and book design: Rochie Pinson

pb ISBN 978-0-9890072-0-7
Pinson, DovBer 1971-
A Bond for Eternity: Understanding the Bris Milah

1. Judaism 2. Spirituality 3. Holidays

Рабби Дов-Бер Пинсон

# Связь с вечностью

Смысл заповеди обрезания
брит-мила

IYYUN PUBLISHING

בברכת מזל טוב, מזל טוב !

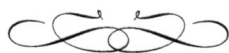

בס״ד

Эта книга была специально написана и напечатана
в качестве подарка нашим дорогим друзьям

## Генадию (Цви-Гиршу) Боголюбову
### и его жене Соне
שיחי׳

*в связи с рождением и обрезанием сына.*

Дай Бог, чтобы этот сын, и другие ваши дети приноси-
ли вам только радость, чтобы он был счастлив и
здоров,  физически и духовно.

Дай Бог, чтобы он вырос настоящим знатоком
Торы – мудрым, щедрым, любящим человеком, гордо и
бесстрашно следующим по жизни путем своих
предков, на радость родителям, братьям и сестрам,
и всему народу Израиля.

*С любовью и благословением*
Рабби Дов-Бер Пинсон

Нью-Йорк, 2013

# Связь с вечностью: Смысл заповеди обрезания (брит-мила)

---

## Связанные навечно

Обрезание (брит) – одно из основополагающих событий еврейской жизни. Это от – знак или подпись, символизирующая вступление в завет с Творцом.

Завет – это соглашение, пакт. Его можно рассматривать как соглашение двух людей, чаще всего формальное, совершить или, наоборот, не совершать некое конкретное действие.

Вместе с тем завет, в отличие от большинства соглашений или контрактов, является абсолютным, то есть не связан ни с какими условиями. Проще говоря, если человек заключает обыкновенное соглашение, которое почему-то не сработало, то либо

I

это приводит к его естественному расторжению по взаимному согласию, либо один из партнеров принуждает другого остаться в деле. Завет же, по определению, предполагает вечную связь, которая ни при каких условиях не может быть разорвана. Обрезание, знак вступления в завет, навсегда остается отметиной на нашем теле; пока человек жив, забыть о ней невозможно.

Обрезание связывает нас с наследием предков, нашей историей и традицией, свидетельствующими о священных отношениях – недоступных обычному пониманию, безусловных и обязательных на все времена. Именно поэтому нас обрезают в младенчестве – буквально, когда речь идет о новорожденных, или фигурально - в случае новообращенного, который считается заново родившимся в водах миквы, или даже о взрослом мужчине, которого, однако, можно назвать «младенцем во всем, что касается еврейского образования». Тем самым мы провозглашаем, что этот союз не основан на соглашениях и рациональных

доводах. Этот союз, заключаемый посредством самого
чувствительного органа, источника (будущей) жизни,
оказывает глубочайшее воздействие на саму нашу
сущность, на то, кем мы являемся на самом деле, в
глубине души.

Обрезание – вечный союз, запечатленный на нашем
теле, связывающий нас с Творцом, и позволяющий
нам стать частью народа Израиля – кляль Исраэль.
Это физическая связь с духовной реальностью, знак
которой наносится непосредственно на орган,
отвечающий за нашу личную и национальную связь
с вечностью. Жизнь человека конечна. Каждый из нас
проживает определенное время в определенном
месте, а затем умирает. Однако бурлившая в наших
генах потенциальная энергия, физическая и духовная,
в разных формах сохраняется в наших детях –
которые, в свою очередь, будут жить в своих детях,
внуках и правнуках. Мудрецы Талмуда называли это
«вечностью вида» (Иерусалимский Талмуд, Брахот
1:1). Знак вечной связи с Бесконечным Творцом
наносится на орган, который дает нам, смертным

людям, возможность бессмертия. Наше личное бессмертие становится неотделимым от национального бессмертия народа, навеки связанного с Вечным.

С телесной точки зрения обрезание, то есть удаление крайней плоти, является обнажением, раскрытием. Иными словами, обрезание, по своей сути, не создает новую связь, но обнажает то, что уже существует.

<Почему на восьмой день?>

*«А в день восьмой пусть обрежут крайнюю плоть его»* (Ваикра, 12:3).

Ни днем раньше, ни «начиная с восьмого дня» - именно на восьмой день.

Почему именно на восьмой день?

Повелев нам делать обрезание именно на восьмой день, Тора не предлагает никаких объяснений, почему нужно делать именно так. Однако Бог создал нас такими, что мы во всем ищем смысл, думая и действуя в соответствии с бинарной моделью – то есть пытаемся осмыслить наш опыт с помощью разума и интуиции, противопоставления и подобия, материальных форм и мистических символов, истории и пророчества. Поэтому ниже мы приведем несколько доводов в пользу восьмого дня.

Начнем с медицинских соображений.

## Почему на восьмой день, медицинские соображения

Будучи, возможно, всего лишь внешним проявлением глубинных духовных основ, на восьмой день происходят процессы, имеющие огромное значение с медицинской точки зрения.

В человеческом организме есть вещество, известное как витамин К. Известно, что этот витамин отвечает за синтез (в печени) другого вещества – протромбина. При недостатке витамина К возникает недостаток протромбина, что в случае кровотечения может привести при большой потери крови. Вместе с протромбином витамин К отвечает за свертываемость крови – крайне важный фактор при любом хирургическом вмешательстве.

Интересно отметить, что со второго по пятый день существует очень высокий риск кровотечения, и лишь с пятого по седьмой день уровень витамина К достигает необходимого уровня, и в организме новорожденного появляется протромбин. Однако лишь на восьмой день уровень протромбина превышает 100% от безопасной нормы. Это единственный день в жизни мужчины, когда в его организме есть больше протромбина, чем это необходимо.

Таким образом, восьмой день после рождения – идеальное время для хирургического вмешательства, поскольку протромбин находится на пике, и кровь сворачивается максимально быстро. Возможно, это является внешним материальным проявлением сокровенной духовной истины, согласно которой именно восьмой день наиболее подходит для обрезания.

Однако каковы внутренние достоинства числа восемь, восьмого дня?

## Почему на восьмой день, гуманистические соображения

Мудрецы Талмуда (Нида 31б) предложили социологическое объяснение, почему обрезание делают на восьмой день: чтобы родители смогли разделить радость и глубину этого обряда перехода, и иметь в этот день интимную близость.

По закону Торы, первые семь дней после рождения мальчика женщина остается ритуально нечистой (таме), и супружеские отношения в это время запрещены. На восьмой день муж и жена могут возобновить нормальную супружескую близость.

Соответственно, если бы обрезание совершалось в течение первых семи дней, участие родителей в празднестве было бы ограничено – они не могли бы обняться, поцеловаться, в полной мере разделить радость друг друга. Поэтому Тора отложила обрезание до восьмого дня, чтобы все участники могли полностью насладиться радостью и любовью.

Несколько слов о том, что такое ритуальная нечистота (тум'а). Ритуальная нечистота обычно связана со смертью. Хотя рождение ребенка означает появление новой жизни, для матери опыт родов связан со смертью, то есть с абсолютным, окончательным разделением. Во время беременности мать и плод составляли единое целое, единый живой организм. Когда ребенок появляется на свет и начинает самостоятельное существование, связь разрывается, и возникает острое чувство отчуждение, которые многие специалисты считают причиной послеродовой депрессии. Для матери этот опыт подобен смерти, а потому она становится ритуально нечистой. Семь дней «скорби» и уединения (когда мужа не допускают в личное пространство) является своего рода аналогом шивы – семидневного траура по недавно умершему близкому родственнику.

По прошествии семи дней женщина возвращается к полноценной общественной жизни, то есть становится ритуально чистой; поэтому после окунания в микву они с мужем могут возобновить супружеские отношения

## Символическое значение восьмого дня

Каждое число или группа чисел имеют символическое значение. Единица олицетворяет единство, двойка – двойственность, тройка – синтез, и т.д.

Обычно число семь символизирует естественный временной цикл – например, семидневная неделя. Время – основополагающая характеристика нашей конечной трехмерной вселенной. Круг времени заключает в себе течение естественных процессов. В свою очередь, восемь, следующее число подле семи, олицетворяет то, что находится вне естественного порядка. Восемь – над или за гранью естественной семерки; число восемь олицетворяет сверхъестественное, то есть потенциальную возможность чуда.

Вместе с тем, число восемь парадоксальным образом символизирует не только трансцендентность, но и человеческое участие в исправлении мироздания, своего рода соучастия в сотворении мира.

Семь символизируют завершение самостоятельного участия Всевышнего в сотворении мира: шесть дней Он «работал», на седьмой «отдыхал». Восемь олицетворяет наше участие в завершении задуманного Всевышним.

Семь символизирует сотворенное Творцом; восемь – подчеркивает творческий потенциал сотворенного.

Помимо обрезания, мы находим в Торе упоминание о еще одном событии, связанном с восьмым днем. Речь идет о скинии (мишкан) - переносном святилище, построенном евреями во время странствий по пустыне, вскоре после Исхода из Египта. Согласно Торе, скиния была освящена на восьмой день. Как разъяснял Рамбан (рабби Моше бен Нахман, так же известный как Нахманид), предназначение святилища было в том, чтобы воспроизвести на земле внутреннюю структуру мироздания, созданного в течение семи дней творения, то есть собственными творческими усилиями повторить сотворенное Творцом. Восемь олицетворяет человеческое участие в творении, подражающее семерке, то есть творению Творца.

Встреча двух измерений, естественного и сверхъестественного, наиболее заметна во время обрезания, совершаемого на восьмой день. Мальчик появляется на свет необрезанным, с крайней плотью; мы рождаемся такими, какими нас создал Бог. В соответствие с замыслом Творца, мужчины рождаются необрезанными, и в тоже время Творец дал нам заповедь, то есть особые полномочия и привилегию – на восьмой день мы можем «исправить», «дополнить» и «улучшить» сотворенное Всевышним.

Как-то раз Турнус Руфус, римский правитель, управлявший Иудеей в первой половине II века н.э., издевательски спросил рабби Акиву: «Чьи деяния совершеннее, Бога или человека?» (Танхума Тазриа, 5). «Человеческие», - ответил рабби Акива. Тогда римлянин задал другой вопрос: «Зачем вы обрезаете мальчиков?». «Я знал, каков будет твой следующий вопрос, а потому ответил так, как ответил», - сказал рабби Акива. Затем, чтобы обосновать свой тезис, он положил перед Турнусом несколько колосков пшеницы, поставил рядом корзину со свежим, вкусно пахнущим хлебом, и сказал Турнусу Руфусу: «Эти колосья были созданы Творцом, а эти хлеба – дело рук человеческих». Услышав это, Турнус решил спросить иначе: «Если Творцу угодны обрезанные, почему мальчики выходят из материнской утробы необрезанными?». Рабби Акива ответил: «А почему ребенок рождается с пуповиной, связывающей его с материнским лоном, пока мать ее не перережет?». Заканчивая разговор, рабби Акива сказал: «Люди рождаются необрезанными, поскольку нам даны заповеди, чтобы мы исправляли самих себя».

Заповеди (мицвот) даны для того, чтобы исправить и улучшить нас; чтобы дать нам возможность участвовать в собственном развитии и эволюции. Благодаря заповедям мы можем исправить самих себя, то есть принять участие в собственном сотворении.

О сотворении Адама, примордиального человеческого существа, в Торе сказано: «И сказал Бог: создадим человека по образу Нашему, по подобию Нашему» (Берешит, 1:26). Естественно, возникает вопрос – почему глагол «создадим» стоит во множественном числе? К кому обращается Творец, и что Он имеет в виду? Может быть это царское «мы» (Саадия Гаон); или же Всевышний обратился к своим ангелам (Раши)? Однако возможно и другое прочтение: «мы» означает именно «мы», то есть «я и ты». Сотворив человека, Бог обратился к нему, дал ему необходимые силы, и возложил на него огромную ответственность, сказав: «Я хочу сотворить Тебя, но я желаю, чтобы ты стал участником своего сотворения».

Сотворенное совершенство и творческий процесс являются неотъемлемыми элементами нашего сотворения. Используя собственное тело и другие доступные физические возможности, получив, в рамках божественного «создадим человека» необходимые силы и способности, мы становимся участниками непрерывного творения и обновления, совершенствуя и преобразуя созданный Богом мир.

С этим связана внутренняя сокровенная причина того, что обрезания делают именно на восьмой день: восемь – число, символизирующее единство (Ихуд) между трансцендентным и имманентным, совершенством и процессом, сущностью и становлением; единство Творца, творения и творческого процесса.

# Наречение имени

На восьмой день, во время обрезания, с Небес спускается высшая составляющая человеческой души, наш личный парадоксальный кусочек Бесконечности. Нешама, трансцендентный аспект личности, не присущ человеку прямо с рождения. Его нисхождение из горних миров происходит постепенно. Во время обрезания происходит первичная интеграция, вход высшего глубинного я в наше тело и сознание. Именно поэтому мальчику дают имя именно во время обрезания.

Наше имя указывает на нашу внутреннюю сущность, и часто служит проявлением личности или характера (Йома 836). Фактически имя – сосуд, который несет в себе и поддерживает нашу душу, личность, предназначение и идентичность. Имя – канал, по которому человек получает из Первоисточника жизненную силу. Имя в целом, равно как составляющие его буквы, звуки и их комбинации, создают «трубопровод», по которому к человеку течет божественная энергия, резонирующая с глубинными, сокровенными пластами нашего внутреннего мира.

Согласно Аризалю (рабби Ицхак Лурия, один из величайших каббалистов), перед тем, как выбрать ребенку имя, родители достигают низшего уровня пророчества (Шаар а-Гульгулим, Акдама 12). Они могут заранее выбрать имя, однако в ночь перед обрезанием почувствовать, что оно совершенно не подходит, и выбрать другое. В некоторых случаях, посмотрев на новорожденного, родители говорят: «По-моему, ему подойдет имя Барух», «Уверен, что его нужно назвать Гершоном или Львом», и т.д. Все это – проявления пророчества, то есть высшей, самой глубокой интуиции.

На восьмой день наша душа - наше трансцендентное я, наша способность становиться большим, чем мы есть, добиваться большего, расти, мечтать, развиваться - окончательно входит в наше тело и наше существование.

## Почему на восьмой день, внутренние соображения

На протяжении первых семи дней «сосуд» (кли), вмещающий нашу сущность, еще только создается – тело младенца находится в стадии окончательного формирования. Необходим семидневный цикл, чтобы завершить «сотворение сотворенного» и достичь полноценного телесного присутствия в этом мире.

Создание сосуда занимает семь дней, соответствующих семи дням произнесения послесвадебных благословений (шева брахот) и семидневной реабилитации после смерти близкого человека (шив'а). На восьмой день, после того, как сосуд был создан и приобрел необходимую прочность, в него (то есть в наше тело) начинает вливаться Божественный Свет (ор), олицетворяющий нашу душу и трансцендентную составляющую нашего я.

Семь – естественный цикл, связанный со звуком (поскольку мир был сотворен с помощью божественных речений); восемь – сверхъестественный цикл, связанный со светом, точнее, с ор Эйн Соф – светом Бесконечного Творца. Семь – мир, каков он есть; восемь – мир, каким он должен стать. Быть «в семерке» означает осознавать то, что есть, «быть в восьмерке» - осмелиться мечтать о большем.

## Тело и Душа: Желание получать и Желание давать

Обрезание на восьмой день делает человека большим, чем он был от рождения. Обрезание завершает сотворение человека, позволяя ему подняться выше собственной природы (Махараль из Праги, Дерех Хаим на Авот 5:2).

Человек рождается с инстинктом самосохранения. Побочным продуктом этого инстинкта является то, что мы появляется на свет стопроцентным эгоистом, с эгоистическими наклонностями и рефлексами. В своем естественном состоянии, здоровом и совершенно необходимом на первых этапах развития младенца, он плачет и кричит, когда устал, голоден или чувствует боль. Подобное поведение служит проявлением «реальности семи дней», то есть выражением естественных потребностей «сосуда» (тела), желания получать все необходимое для комфортной жизни.

В младенчестве естественное эгоистичное желание получать является жизненно необходимым. Если новорожденный не будет плакать, он рискует умереть от голода. Однако если не контролировать эгоистические паттерны младенческого поведения, то из такого младенца вырастет капризный, вечно ноющий ребенок, который со временем превратится в поглощенного исключительно собой взрослого.

Однако сказанная выше – только одна сторона медали, Рожденные в «мире семи», потенциально мы способны достичь «мира восьми». Каждый из нас состоит из тела (сосуд, естественное) и души (божественный свет, сверхъестественное).

Наше тело и наши инстинкты сугубо эгоистичны, и постоянно требуют новой пищи. Вместе с тем наша «сердцевина», наша душа и ее внутренний свет, неразрывно связанные с Источником всех благ и благословений, подобны этому Источнику в своем желании делиться с другими, предлагать себя другим и жить самоотверженно и беззаветно.

Наши тела-сосуды и «семиричный цикл», присущий мирозданию, по своей природе способны лишь принимать, эгоистично требуя себе все больше и больше. Напротив, Душевный Свет, которому присущ «потенциал восьмерки», подобен Источнику Света, Творцу, а потому стремится сознательно и бескорыстно делиться с другими, предлагая окружающим даже больше, чем он получает взамен.

Динамика в данном случае такова. Тело/материальное/сосуд эгоистично, ему присуще бесконечное желание получать и страсть к накопительству. Душа/внутренний свет бескорыстна, ей присуще желание получать, чтобы иметь возможность отдавать и делиться с другими.

Интуитивно мы понимаем, что величайший подарок, который можно сделать себе – сделать подарок кому-то другому. В конечном итоге дарение доставляет гораздо более длительное удовольствие, чем получение, поскольку, делясь с другими, мы соприкасаемся со своей подлинной внутренней природой, на наше желание соответствует воле Верховного Дарителя, Творца вселенной.

Каждый человек состоит из сосуда/тела и света/души. На восьмой день душа начинает просачиваться в сознание тела, которое с течением времени становится более зрелым и цельным. По мере того, как мы взрослеем и параллельно, хочется верить, становимся мудрее, духовная реальность становится все более неотъемлемой частью нашего я, постепенно превращаясь в направляющую силу, определяющую курс нашего жизненного путешествия.

Когда на восьмой день мы делаем обрезание, происходят сразу две вещи:

1.   Начинается рецепция и интеграция света нашей души, нашей духовной сущности и связи с трансцендентным, которая позволяет нам преодолеть естественные эгоистические желания и инстинкты.

2.   Вся наша сущность воссоединяется со сверхъестественным мета-историческим нарративом кляль Исраэль – народа Израиля.

Посредством обрезания мы вступаем в завет Авраама, и становимся полноправными членами Общины Израиля. Обрезание воссоединяет нас с вечностью, и делает причастными сверхъестественному. Народ Израиля неподвластен обычной линейной логике, раз за разом выбирая вечную жизнь перед лицом неизбежной смерти. По всем мнениям евреи – необъяснимая историческая аномалия: невозможно естественным образом объяснить, как еврейский народ сумел просто выжить, не говоря уже о том, чтобы духовно и материально преуспеть вопреки самым суровым внешним обстоятельствам.

Все великие нации древности – строители пирамид египтяне, философы-греки, ловкие политики-римляне, технологически продвинутые вавилоняне – давно сошли со сцены, и только немногочисленный жестоковыйный еврейский народ, составляющий менее одной сотой населения земли, выжил и процветает. Это историческое чудо, необъяснимое с точки зрения «естественных» законов истории, согласно которым народы, как и все живые существа, последовательно проходят несколько стадий развития и упадка – за рождением следует зрелость, а за ней – неизбежная смерть. Однако народ Израиля, чья история насчитывает несколько тысячелетий, никуда не делся – ам Исраэль Хай! Благодаря обрезанию новорожденный мальчик явно присоединяется к народу, игнорирующему естественные законы.

## Почему мы обрезаем именно этот орган?

Рамбам (рабби Моше бен Маймон, известный на Западе как Маймонид) писал, что обрезание не предназначено для того, чтобы человеческое тело стало завершенным (поскольку все в природе является завершенным с момента рождения), но для того, чтобы выделить и зафиксировать человека как отдельную самостоятельную систему. Совершив обрезание и сделав тем самым явным то, что было присуще изначально, мы приводим наш творческий ментально-духовный потенциал в соответствие с нашей тварной телесной природой. Таким образом человек восходит на новый уровень, становится более цельным существом с более совершенными душой и телом (Путеводитель колеблющихся, 3:49). Рамбам также писал, что физический акт обрезания, удаление крайней плоти, уменьшает физическое наслаждение от интимной близости, что позволяет преобразить и перенаправить энергию наших плотских желаний на более тонкие эмоционально-духовные аспекты супружеских отношений.

Поскольку во время обрезания мы удаляем крайнюю плоть, соответствующий орган становится меньше в самом буквальном смысле. Соответственно, уменьшается и доставляемое им удовольствие. Происходит двойное умаление, количественное и качественное. Однако именно благодаря этому уменьшению возникает возможность приобрести нечто большее. Такова противоречащая естественной логике духовная динамика: увеличение приводит к уменьшению, а меньшее оказывается большим. Уменьшение одного измерения увеличивает другое.

## Две модальности:

## Итпатхут/ Экспансия, ведущая к Цимцум/ Сжатию, или Цимцум, ведущий к Итпатхуту

Ситуации, когда полностью несдержанный или неограниченный образ действий является предпочтительным, встречаются крайне редко, возможно, вообще никогда. Обычно определенный уровень ограничения или дисциплины, то есть «уменьшение», в конечном итоге приносят больше наслаждений и знаний, то есть позволяют набрать больше соответствующего опыта.

Поясним, что мы имеем в виду. Существуют две основных модальности человеческого существования:

1. Итпатхут, или Экспансия – не признающее ограничений, дикое, безответственное, вольное и безрассудное поведение, которое в конечном итоге приводит к тотальному Сжатию (Цимцум), сопровождающемуся ощущением пустоты и даже отвращения.

2. Цимцум, или Сжатие – основа образа жизни, опирающегося на идеи и принципы строгой дисциплины, ограничений и разумности, которые в конечном итоге приводят к здоровому и продуктивному состоянию и ощущению подлинного Итпатхута, то есть экспансии и раскрытия.

Наш мир создан таким, что Цимцум неизбежно приводит к Итпатхуту. Ограничение и сжатие Бесконечного Света привело к возникновению многообразной конечной реальности. Соответственно, поскольку человек сотворен по образу и подобию Всевышнего, мы функционируем точно так же. Мы вдыхаем внутрь, чтобы выдохнуть наружу; отступаем назад, приседаем, чтобы прыгнуть вверх, отходим назад, чтобы разбежаться и набрать ускорение для рывка вперед.

Два этих принципа, от Цимцума к Итпатхуту или от Итпатхута к Цимцуму, управляют всеми сферами нашей жизни. Мы можем жить по принципу «ограничение, приводящее к экспансии», или наоборот, «экспансия, заканчивающаяся ограничением».

Кдуша (святость), наиболее правильное внутреннее состояние вселенной, достижима только в рамках подхода «ограничение, приводящее к экспансии». И наоборот, клипа («скорлупа», «оболочка»), скрывающая зерно истины, то есть внутреннюю структуру мироздания, действует прямо противоположным образом, по принципу «экспансия, заканчивающаяся ограничением». Говоря проще, «много хорошо тоже плохо» - переизбыток хорошего в конечном итоге уменьшает удовольствие и не позволяет по достоинству оценить эти блага.

Все мы живем с острым ощущением экзистенциальной пустоты – горьким чувством, что лишились чего-то важного, и предпринимаем безнадежный попытки чем-нибудь заполнить этот вакуум. Нам кажется, что стоит заполучить то или это, и внутренняя пропасть наконец-то заполнится. Это может быть новая машина, последний iPad, шикарный отпуск – однако чем больше мы заполняем эту пустоту материальными вещами, тем глубже становится эта пропасть, и тем более опустошенными мы себя ощущаем.

Чем стремительнее и мощнее первичная экспансия, тем более ограниченными, усталыми и недовольными мы оказываемся в конечном итоге. Безграничное потакание собственным аппетитам лишь вызывает отвращение к постоянному голоду и неспособности контролировать свои инстинкты. Есть и пить, пока не полезет обратно, покупать и покупать, пока не кончатся деньги – что может быть отвратительнее.

Представьте себе свое любимое блюдо – скажем,

жареное мясо; в один прекрасный день некто предложит вам: «Ешьте сколько хотите, я плачу». И вы начинаете жрать, пока это мясо не полезет у вас из ноздрей, и вы не начнете клясться и божиться, что отныне и до конца жизни не возьмете в рот ни кусочка такого мяса.

Это справедливо для любых человеческих желаний. Мясо – просто метафора для любых стремлений и вожделений. Попробуйте безгранично удовлетворять любое свое желание – без ограничений, без тормозов, не думая об ответственности – и рано или поздно вы почувствуете себя гораздо более несчастным, опустошенным и неудовлетворенным, чем прежде. Дикое, неограниченное проявление Итпатхута в конечном итоге приводит к неизбежному краху и полному Цимцуму, порождая непроизвольные и самовозникающие ограничения, препятствия и ощущение собственной ничтожности и опустошенности.

Гораздо более достойный и возвышенный образ жизни, к тому же соответствующий основополагающим принципам микро- и макрокосма – придерживаться определенных ограничений (Цимцум), чтобы достичь ощущения подлинного Итпатхута. Проше говоря, делая меньше или, по крайней мере, ограничивая масштаб своих действий, часто можно достичь даже большего, чем мы изначально надеялись. Чаше всего «больше» относится к количеству, но в некоторых случаях – так же и к качеству.

Конкретную разницу между двумя вышеупомянутыми подходами проще всего объяснить на следующем примере. Некий человек пошел в ресторан. Он заранее прикинул, сколько денег готов потратить, сколько блюд и сколько калорий употребить, а потом подозвал официанта и сделал заказ. В этом случае он может быть уверен, что получит удовольствие от трапезы. Решив, что будет практиковать Цимцум – съест не больше двух блюд, потратит не больше определенной суммы – он достигает здорового чувства удовлетворения и Итпатхута. Поэтому он покинет ресторан наевшимся и в прекрасном расположении духа.

Другой человек поступил прямо противоположным образом – зашел в ресторан, не подумав, сколько он собирается съесть и потратить, заказал все меню, и в результате с трудом выполз из-за стола, чувствуя мучительную тяжесть в желудке. Этот человек начал с Итпатхута, закончившимся еще более неприятным Цимцумом.

Обрезание оставляет нам меньше чем было, с точки зрения как количества плоти, так и будущих удовольствий. Это безусловно Цимцум, который, однако, позволит глубже и сильнее прочувствовать Итпатхут. Благодаря Цимцуму мы сможем достичь гораздо более высокой степени святости, цельности и внутренней гармонии. Благодаря обрезанию наши желания, связанные с этим органом, и наши отношения с супругой приобретут подлинно гармоничный, уравновешенный характер, позволяющий достичь подлинного Итпатхута на самых разных уровнях бытия.

# Духовный смысл крайней плоти (орла) и ее удаления

Важнейший элемент обрезания – удаление крайне плоти (орла) пениса. На иврите слово орла означает нечто скрытое (Мальбим на Дварим, 30:11) или закрытое (Магараль, Тиферет Исраэль, 19; Раши на Шмот, 6:12)

В Торе термин орла используется в отношении самых разных вещей: плодов дерева в первые три года (Ваикра, 19:23), крайней плоти, которую удаляют при обрезании (Берешит, 17:11), и даже «крайней плоти», аллегорически покрывающей сердце человека

(«Обрежьте крайнюю плоть сердца вашего и не будьте впредь жестоковыйны», Дварим 10:16). Во всех случаях орла предполагает сокрытие того, что под ней скрывается.

В человеческом теле существует несколько разновидностей орла. Мидраш (Берешит Раба 45:6) утверждает, что их четыре: на ушах (Ирмиягу, 6:10), когда человек фигурально закрывает уши и не слышит того, что ему необходимо услышать; на устах (Шмот, 6:30), когда человек теряет дар речи вследствие тяжелой травмы или неприятного опыта, мешающего ему говорить; на сердце (Ирмиягу, 6:10), когда человек эмоционально закрывается от окружающих; и, наконец, крайняя плоть пениса, которую удаляют при обрезании.

Как уже было сказано, плоды, выросшие на дереве в первые три года, так же считаются орла – поскольку их запрещено есть, они, в определенном смысле, от нас скрыты; они должны созреть, прежде чем мы сможем их собрать. С каббалистической точки зрения, плоды первых трех лет непригодны для употребления в пищу. В них присутствуют следы «нечистых духов» - неочищенных и проблематичных энергий, наполняющих дерево на протяжении первых трех лет, поэтому использовать для собственных нужд эти фрукты не следует (Зогар 11:244-б; Шаарей Ора, 5; Падрес, 24; Ликутей Тора, Кдошим).

Пока Первый человек, Адам, не вкусил от древа познания добра и зла – то есть пока он не вошел в мир двойственности – не было крайней плоти (Пиркей де-рабби Элиэзер). По словам мудрецов, грех Адама заключался в том, что он натянул крайнюю плоть на головку пениса (Сангедрин 38б). Кроме того, по словам Аризаля, Адам и Хава должны были получить дозволение съесть запретный плод, просто позже, в субботу. (Адам и Хава были сотворены в пятницу, и должны были подождать до субботы, которую олицетворяло Древо Познания.) Таким образом, между двумя концепциями орла возникает дополнительная связь.

До того, как вкусить от Древа Познания и
двойственности, Адам жил в мире Древа Жизни –
мире простого единства, не знающем боли, страданий
и смерти. До того, как попробовать запретный плод,
он – а на более глубоком уровне, и мы – был
духовным существом, не ведающим нездоровых
желаний, возникающих из пустоты, нехватки и
нужды; в этом мире все было единым и полностью
реализованным. Попробовав запретный плод, то есть
усвоив и «переварив» идею противоположности
«добра и зла», Адам вошел в мир разделения, познав
все связанные с ним контрасты и
противопоставления.

Именно в этом заключается внутренний смысл того,
что у Адама не было крайней плоти – в мире Древа
Жизни не было места разделению или сокрытию.
Только когда он оказался в мире Древа
Двойственности, он столкнулся со злом и
ограничениями, включая ограниченное восприятие
пяти органов чувств (все органы чувств связаны с
миром разделения – глядя на один предмет, мы не

можем столь же сосредоточенно рассматривать другие; коснувшись одной вещи, невозможно коснуться других, и т.д.) и оказался в ловушке, созданной его воображением. Тогда он «натянул кранную плоть», чтобы прикрыть детородный орган. Его телу, бывшему то того прозрачным и сотканным из света одеянием его души, потребовалось покрытие, чтобы выжить в новой психологической и духовной реальности разделения, возникшей в результате вкушения от Древа Двойственности. Поэтому Адам «натянул кожу на обрезание» в прямом и переносном смысле этого слова.

В райском саду Адаму было сказано: «От всякого дерева сада ты можешь есть, а от дерева познания добра и зла, – не ешь от него; ибо в день, в который ты вкусишь от него, смертью умрешь» (Берешит, 2:16-17). На первый взгляд, два этих предписания противоречат друг другу – точнее, утверждение «от всякого дерева сада ты можешь есть» кажется неверным. В чем тут дело?

Сокровенный смысл этого парадоксального утверждения таков: Адам мог есть от любого дерева, но не должен был есть плоды одного конкретного дерева; мог есть все, но должен был воздержаться от определенного кушанья. Ибо все, что было в райском саду, заключало в себе элементы обоих «древ», Древа Жизни и Древа Двойственности. Когда Адаму было сказано «от всякого дерева», это была реальность Древа Жизни; «от дерева познания добра и зла, – не ешь» - реальность Древа Двойственности. Ибо в тот момент, когда человек говорит: «Я желаю вот это или вот это», то есть отдает предпочтение одной пище перед другой, он вступает в мир Древа Двойственности, поскольку отделяет часть от целого, то есть Древа Жизни.

К сожалению, именно это Адам (а так же мы) и сделал. Он предпочел нечто конкретное – всему, и тем самым «натянул крайнюю плоть на обрезание», создав для себя парадигму разделения. Он создал барьер, покрытие, «одеяние» между собой и всем окружающим мирозданием.

На внутреннем уровне «натягивание крайней плоти» означает, что человек возводит барьер, отделяющий его от всей окружающей жизни, и начинает слишком много думать и заботиться о себе. Он утрачивает единство с самим собой и окружающим миром. Безусловно, это нуждается в исправлении – и именно в этом заключается внутренний смысл тшувы и искупления, то есть возвращения к самому себе и внутренней цельности.

Совершая обрезание и удаляя клипу – барьер, покрытие, сокрытие – с конкретного органа, непосредственно связанного с отношениями с «другой половиной», мы совершаем очищение исправление (тикун) упомянутой выше космической аномалии.

Сегодня, находясь в коллективном изгнании и рассеянии (и на внешнем, и на внутреннем уровне), мы совершаем тикун с помощью медицинской операции. В будущем, когда произойдет внутреннее и внешнее Избавления, люди, подобно Адаму, будут рождаться без крайней плоти, не зная сокрытия и разделения.

Совершая обрезания, мы удаляем все зловредные оболочки – диним («приговоры») и клипу.

Первым человеком, сделавшим обрезание, стал наш праотец Авраам. Поэтому сегодня мы называем обрезание «завет Авраама». Обрезание – завет, создавший народ Израиля, начиная с Авраама. Благодаря обрезанию еврей приобретает видимый знак принадлежности к еврейскому народу, к потомкам Авраама.

До обрезания Авраама звали Аврам – имя, состоящее из двух слов, ав («отец») и рам («возвышенный»). Это имя соответствовало его мировоззрению и отношениям с Творцом. Для Аврама Творец был прежде всего «вознесенным отцом» - далеким, трансцендентным, превозносимым и бесконечно далеким от мира. Исполнив божественное повеление и сделав себе обрезания, то есть избавившись от крайней плоти и удалив «покрывало», скрывавшее часть его тела, он обнаружил присутствие Всевышнего непосредственно в своей плоти, то есть в физической, телесной повседневной реальности. В этот момент он приобрел новое имя Авраам, прибавив к своему имени букву хей (⊠). Теперь, с еще одной буквой, его имя стало означать «отец многих народов». Вместо далекого и недоступного «отца» он стал прародителем нескольких наций.

После обрезания Авраам стал ощущать присутствие Всевышнего в сотворенной реальности. Еврейское слово мила («обрезание») можно разделить на два блока, мал и юд-хей. Слово мал означает речь, юд-хей – одно из имен Творца; произнося имя Творца, мы низводим в материальный мир и способствуем раскрытию Божественного присутствия как в окружающей реальности, так и в своем собственном теле.

Зогар называет детородный орган сиюма де-гуфа, окончание тела. Смысл обрезания – раскрыть юд-хей, присутствие Творца, в самом «кончике» нашего тела;

почувствовать божественной присутствие в органе, который можно было бы счесть самым низким и позорным.

Числовое значение (гематрия) слова мила – 85, так же, как у слова пе («рот», «отверстие», «выход»). Идея обрезания заключается в том, чтобы удалить крайнюю плоть, чтобы тем самым создать «выход» - устранить сокрытие, клипу, и обнаружить присутствие Всевышнего в повседневной будничной реальности.

На практике идея божественного присутствия в плоти проявляется как на внешнем уровне, в виде физического следа от операции, так и на внутреннем уровне – благодаря обрезанию сознание переключается на новый режим работы, от Цимцума к Итпатхуту, позволяющему вести более чистый, достойный и гармоничный образ жизни.

## Каббала Завета

Существует медицинская аномалия, физический феномен, заслуживающий нашего внимания. Когда мы вступаем в мир Каббалы, то есть внутренней, сокровенной реальности, нередко бывает полезным обратить внимание на внешние, самые явные и бросающиеся в глаза проявления. Чтобы понять сокровенное и таинственное, прежде необходимо разобраться с явным и очевидным. Проще говоря, прежде чем любоваться панорамой, стоит разобраться с тем, что находится прямо у нас под носом.

Законы развития человека таковы, что все люди начинают свою жизнь «женщинами». С медицинской точки зрения все зародыши изначально обладают «женскими» телами, и лишь затем часть из них становятся мужскими, тогда как другие остаются в исходном состоянии. В начале формирования пола внутри всех зародыше находится некая гонада, которая, если ребенок будет мальчиком, начинает двигаться вниз, чтобы стать первичным мужским половым признаком.

Таким образом, внутри женского начала существует мужское. Обратное тоже верно – в каждой женщине присутствует элемент мужского начала. Этот физический феномен является внешним видимым проявлением сокровенной духовной истины.

В Торе есть два рассказа о сотворении Адама и Хавы. В первой главе книги Берешит (Бытие) о происхождении первых людей сказано так: «Мужчину и женщину сотворил Он» (Берешит, 1:26). Адам и Хава были созданы одновременно, сразу и мужчиной, и женщиной – единым телом с двумя лицами, затылками друг к другу. Для наглядности – первые люди напоминали двух сросшихся спинами сиамских близнецов, смотрящих в противоположные стороны.

Рассказ о сотворении человека повторяется во второй главе книги Берешит, однако на этот раз создание мужчины и женщины описывается отдельно: сначала Бог создает Адама, затем Хаву.

На более глубоком уровне это означает, что сначала Адам и Хава были созданы единым целым, соединенными друг с другом в позиции ахор бе-ахор («спина к спине»). Естественно, их отношения оставались «спина к спине» - постоянная связь при невозможности подлинной встречи с «другим», который воспринимался механическим продолжением самого себя. Подобные отношения нередко возникают между родителями и совсем маленькими детьми. Ребенок полностью зависит от родителей во всем, что касается пищи, защиты и любви. Родители целиком контролируют возникающие отношения, и нередко рассматривают детей как «продолжение» самих себя; ребенок постоянно находится с ними в физическом контакте, куда следуют родители, туда и он.

Вторая глава книги Берешит описывает совершенно иные, более глубокие отношения, которые на иврите называют паним эль паним, лицом к лицу. Второй рассказ о сотворении первых людей описывает, как Адам - «включавший в себя» Хаву, так же как Хава «включала в себя» Адама - и Хава были разделены, пока Адам был погружен «в глубокий сон», который в трудах Аризаля назван несира («разделение»), для того, чтобы стать отдельными человеческими личностями, и получить возможность встретиться друг с другом лицом к лицу.

В мире сфирот - божественных эманаций или атрибутов, каналов, по которым Бесконечное втекает в конечное, фильтры, сквозь которые бесцветный, бесформенный, единый божественный свет проявляется в материальном мире многообразия –

существует несколько парцуфим, то есть «ликов». Парцуф – «лик», «личность», или законченная комбинация сфирот. Существует мужской лик шести эмоциональных сфирот Зах, и три женских лика – Нуква. До несиры (разделения) Лик Зах обладал как мужскими, так и женскими атрибутами.

В примордиальном состоянии, описанном в первой главе книги Берешит, Адам и Хава едины. В исходном примордиальном состоянии существует Итколелут, то есть взаимовключение мужского и женского начал, образующих единое целое. В видимой материальной реальности мужчина и женщина обладают собственным не зависимым существованием, однако на глубинном уровне мужское начало включает женское, и наоборот.

Для того, чтобы общаться и строить отношения с другим, будь то человек или идея, необходимо, чтобы между объектом и субъектом возникла определенная общность. Нужно найти «противоположное» в самом себе, чтобы найти общий язык и установить связь с другим. В межличностных отношениях, для того, чтобы два непохожих человека смогли встретиться лицом к лицу – как это происходит в здоровом священном браке - мужчине необходимо отыскать и признать глубоко в себе женское начало, чтобы иметь возможность найти общий язык и установить связь с женщиной. Разумеется, это верно и для женщины, которой для счастья в браке нужно найти в себе элементы мужского начала.

Мужское и женское начала относятся не только к вопросам пола, но также проявляются на ментальном и психологическом уровне. Маскулинность проявляется линейно, ориентирована на достижение цели, всегда стремится что-то сделать для решения возникающей проблемы. Ее символизирует прямая линия, графическое изображение движения из точки А к точке Б. Женское начало циклично, заинтересовано процессом больше, чем результатом, предпочитает обсудить проблему. Графически его символизирует окружность.

В примордиальном состоянии Адам и Хава были едины. После несиры произошло разделение, человечество стало двуполым. Главной целью этого разделения было создание динамичного напряжения, которое в итоге приведет к более полному единству на ином уровне – единству, возникающему в результате отношений «лицом к лицу» и взаимной любви.

В этом заключается глубочайший смысл обрезания. Этой операции подвергается детородный орган, считающийся первичным мужским половым признаком. Зах, мужской лик, проявляется в сфире Йесод (Основание), которой соответствует пенис. Удаляя крайнюю плоть пениса, мы оголяем Атерет Йесод – венец сфиры Йесод - головку члена, имеющую округлую форму. В результате мужское начало становится завершенным благодаря раскрытию в нем женского начала – «окружности в линии».

Обрезание – еще одна, более глубокая разновидность несиры, то есть разделения и отсечения. В отличие от перерезания пуповины, отделяющего новорожденного мальчика от родившей его женщины, обрезания оголяет элементы женского начала, присутствующие в мужском. Это оголение очень пригодится в будущем: когда мальчик вырастет и станет взрослым мужчиной, он сможет лучше понять женщину. Это безусловно поможет ему найти «добродетельную жену», свою вторую половину.

Несира – разделение - на одном уровне приводит к более глубокому единству (Ихуд) на другом. Согласно Торе, когда Адам проснулся и увидел Хаву, ставшую самостоятельным, отдельным от него человеком, он сказал: «Это кость от моих костей и плоть от плоти моей; она будет называться иша (женщина), ибо от иш (мужчины) взята она. Потому оставит человек отца своего и мать свою, и прилепится к жене своей; и станут они одной плотью» (Берешит, 2:23-24).

Помимо символического раскрытия женского

начала в мужском, оказывающее глубокое воздействие на наше сознания, обрезание придает мужскому телу женскую чувствительность. Мы уже писали, что, по словам Рамбама, удаление крайней плоти уменьшает физическое удовольствие. Это связано с тем, что обрезание сдерживает и смягчает агрессивную маскулинность, вызываемую избытком тестостерона. Уменьшение чувственных наслаждений дает мужчине возможность развить в себе большую чуткость – происходит своего рода «одомашивание» дикого необузданного начала. Происходит смягчение мужского начала женским. Со временем - поскольку, взрослея, мужчина учится физически, психологически и духовно сдерживать свою врожденную агрессивность – это поможет ему построить более крепкие, гармоничные и нежные отношения с будущей супругой.

$$\diamondsuit \text{ Белый/Хесед - Красный/Гвура } \diamondsuit$$

*«Трое участвуют в рождении человека: Творец, отец и мать. Отец дает «белое», из которого формируются белые ткани... Мать дает «красное», из которого формируются белые ткани» (Нида 31а).*

Из этих слов Талмуда мы учим, что отец связан с «красным», а мать – с «белым». Однако что это значит?

Органы тела, отличающие мужчину от женщины, так же связаны с этими двумя цветами – спермой, белой субстанцией, возникающей в мужском теле, и кровью, текущей из женского тела во время месячного цикла и родов.

Десять сфирот соответствуют десяти различным цветам, каждая – своему цвету (хотя, разумеется, в многомерной духовной реальности отдельных цветов не существует). Белый цвет связан со сфирой Хесед, красный – со сфирой Гвура.

Хесед обычно переводят как милосердие, однако в данном контексте более адекватным будет перевод «дарение». В свою очередь, Гвура (мощь) может быть понята как «принятие».

Для рождения ребенка необходимо совместное участие трех партнеров: Творец дает ребенку душу (частицу божественного света), отец и мать – соответственно, сперматозоид и яйцеклетку. Иными словами, для зачатия необходимы вклад отца – белое, Хесед/Дарение, и «абсорбция» со стороны матери – красное, Гвура/Принятие. Два противоположных качества взаимно дополняют друг друга, создавая условия для рождения третьего, ребенка.

Белое это Хесед, отец, мужчина, прямая линия, дарение. Красное – Гвура, мать, женщина, окружность, принятие. Когда эти начала действуют сообща, рождается ребенок.

Хотя это может показаться побочным продуктом, кровотечение при обрезании является неотъемлемым элементом духовной трансформации. Мидраш говорит о крови обрезания как о своего рода жертвоприношении, подобному жертвоприношению в Иерусалимском Храме (Пиркей де-Рабби Элиэзер, 29). Образ крови – неотъемлемый элемент духовной эволюции, происходящей благодаря вступлению в завет Авраама.

Как уже было сказано, благодаря обрезанию обнажается Атара – корона сфиры Йесод, связанной с мужским детородным органом. Проще говоря, на конце прямой линии возникает окружность. В процессе удаления крайней плоти, то есть клипы, сокрытия, в виде красной капли крови проявляется Гвура. Это заставляет кровь течь из Йесода, тем самым обнажая Нукву, женское начало, в Духра, мужском начале. Благодаря обрезанию отрицательные элементы Гвуры буквально и символически покидают орган, связанный с белым/Хеседом.

Этот акт одновременно приводит к освобождению и раскрытию Гвуры/крови там, где царствует Хесед, и удаляет все негативные аспекты Гвуры, присутствующие в человеческом теле. Таким образом, обрезание преследует сразу две цели: удаление всех негативных аспектов Гвуры из сфиры Йесод, и освобождение и раскрытие полезных жизненных элементов той же Гвуры, которые смогут уравновесить Хесед, присущий Йесоду. В результате возникает гармоничная конвергенция энергий и элементов, необходимая для поддержания здорового психологического, физического и духовного состояния.

Хесед и Гвура благотворны только тогда, когда взаимно дополняют и уравновешивают друг друга, как это происходит в Олам а-Тикун – совершенном, исправленном мире. Неуравновешенные Хедед и

Гвура тлетворны и разрушительны. Давать без ограничений, не обращая внимания на чувства и желания получающего – негативное проявление Хеседа. Парадоксальным образом в еврейской традиции насильственный половой акт без согласия партнера называется Хесед. Это, безусловно, противоречит традиционному пониманию Хеседа как милосердия, проявляющегося в бескорыстном дарении. Однако данное определение относится только к исправленному, очищенному Хеседу. Неочищенный Хесед, принадлежащий миру Хаоса (Тоху), прямо противоположен самой идее Исправления, то есть дарения, основанного на понимании и уважении нужд и желаний получателя. Поэтому одним из проявлений неочищенного Хеседа, не уравновешенного Гвурой, становится такой постыдный и омерзительный поступок, как изнасилование.

В свою очередь, неуравновешенная Хеседом Гвура приводит к тотальному сжатию, и невозможности давать и дарить, полной закрытости и замкнутости.

Обрезание освобождает организм от латентных отрицательных элементов Гвуры - несбалансированных ограничений, так называемых диним («приговоров») и сокрытий. В результате ребенок сможет развить в себе уравновешенный Хесед, сбалансированный здоровой Гвурой.

Удаление отрицательной энергии Гвуры, олицетворением которой служит кровь, так же способствует развитию и укреплению позитивных элементов этой сфиры – способности к здоровой конструктивной сдержанности и самоограничению, понимания, что стоит и чего не стоит говорить, умения избегать неразумных нежелательных поступков, и т.д.

Ограничивая определенные телесные ощущения и удовольствия, обрезание, подавляет, уменьшает и сдерживает (все это – так же качества Гвуры) свободный неконтролируемый поток несбалансированного разрушительного Хеседа. Это создает возможность для более уравновешенной и менее агрессивной («женской») модели взаимоотношений с будущей супругой.

В этом контексте Гвуру можно так же воспринимать как Цимцум – сжатие, отступление, самоограничение. Как уже было сказано, только уравновешенный, сфокусированный Цимцум может послужить основой здорового и продуктивного проявления Хеседа – дарения, экспансии, Итпатхута. Нужно помнить, что первоначальный Цимцум приводит к высшей форме Итпатхута.

Именно мужчине необходимо избавиться от избыточной отрицательной энергии Гвуры, чтобы в процессе открыть в себе скрытые потенциальные возможности для развития здоровой, уравновешенной Гвуры.

Здесь необходимо сделать одно очень важное отступление. В принципе мужчины связаны с Хеседом – дарением, экстравертностью, движением вперед. Женские аспекты Гвуры – сдержанность, отступление, получение – для мужчин неестественны, поэтому для устранения этой неуравновешенности необходимо обрезание. Женское начало, напротив, изначально включает в себя и Гвуру, и уравновешивающий ее Хесед. Говоря языком Талмуда, «женщина от природы обрезана» (Авода Зара 27а). Хотя корни женского начала – в Гвуре, женщине изначально присущи мужские качества Хеседа, то есть способность давать и дарить. Поэтому они «обрезаны с рождения», то есть изначально обладают духовными качествами, возникающими у мужчин в результате обрезания. И поскольку сбалансированный Хесед присущ женщинам от природы, преломившись сквозь призму Гвуры, он легко может стать доминантной чертой женского характера.

Мужчины, напротив, связаны с Хеседом, который в процессе эмоционально взросления им жизненно необходимо научиться контролировать, сдерживать и направлять. Поскольку они не рождаются с необходимыми качествами Гвуры (то есть не рождаются обрезанными), многим из них свойственно компенсаторное подавление естественных для них проявлений Хеседа, и в результате перед окружающими предстает жесткая и непроницаемая маска-оболочка Гвуры. Это можно считать проявлением «душевной брони» - психологического и социального механизма, используемой для защиты от пугающего внешнего мира, а так же, неосознанно, от своего подлинного внутреннего я. Поскольку это проявление Гвуры не является ни естественным, ни аутентичным – Гвура необходима мужчинам прежде всего для сдерживания присущего им Хеседа - многие мужчины кажутся больше связанными с Гвурой, чем многие женщины.

Многие женщины, у которых прирожденная связь с Гвурой уравновешена естественной склонностью к Хеседу, кажутся более уравновешенными, легче и естественно делятся с другими, ведут себя добрее и милосерднее – словом, служат живым воплощением Хеседа. И наоборот, мужчины, естественно связанные с Хеседом, нередко напоминают карикатуру на неуравновешенную Гвуру – образ комический, хотя и весьма неприятный для окружающих. Однако благодаря обрезанию происходит величайшее очищение-исправление (тикун) мужского начала. Если операция происходит в соответствии со всеми требованиями Галахи, вся негативная энергия Гвуры выходит наружу, и у мужчины появляется возможность явить «городу и миру» уравновешенный Хесед, гармонично сочетающийся со здоровой Гвурой.

## Церемония: Сандак и кресло пророка Элиягу

Обряд обрезания имеет огромное духовное значение не только для новорожденного и его родителей, но и для всех присутствующих. Согласно Зогару, во время обрезания исчезает зло, а вокруг ребенка и всех присутствующих возникает защитный щит. Поэтому если человек получил приглашение на обрезание, отказываться не принято. По той же причине некоторые не посылают формальных приглашений на обрезание своего сына, а просто оставляют двери открытыми для всех желающих.

Обрезание – момент физического (а также, потенциально, духовного) удаления всех видов чужеродной негативной энергии; устранение всего, что удерживает нас от жизни в соответствие сокровенной истиной – страха, гнева, сожаления и т.д.

Существует множество разных обычаев, связанных с обрезанием, начиная с ашкеназского обычая, когда кваттеры – посланники родителей, мужчина и женщина, чаще всего супруги – вносят ребенка в помещение, где будет происходить церемония (считается, что это способствует чадородию), и заканчивая сефардским обычаем вносить новорожденного с музыкой. Существует обычай нести младенца на красиво украшенной подушке, а так же произносить во время обрезания благословения и нюхать благовония.

Один из самых древних и наиболее распространенных обычаев – ставить специальное кресло для пророка Элиягу. Много лет назад во многих синагогах постоянно стояло специальное, красиво украшенное кресло для обрезания. Сандак («посаженый отец»), который держал младенца во время операции, садился на кресло Элиягу или рядом (тогда кресло пророка оставалось пустым). Говорят, что тому, кто во время обрезания стоит рядом с креслом пророка Элиягу, прощаются все грехи.

Несколько слов о сандаке. В идеале посаженым отцом следует выбирать благочестивого, набожного человека. Сандак подобен первосвященнику, который воскуривал в Храме самые священные курения. Во время обрезания достоинства сандака передаются новорожденному. По своей сути сандак – сосуд (кли), который собирает и удерживает в себе позитивную энергию, возникающую во время обрезания. Поэтому чем сандак чище, мудрее, цельнее и благороднее, тем лучшим «сосудом» он будет.

Когда обрезание заканчивается, все присутствующие принимают участие в праздничной трапезе (сеуда). Радость – неотъемлемая часть заповеди обрезания. Обрезание – заповедь, которая была принята с радостью и исполняется с радостью

(Шабат 130а); радость – синоним обрезания (Мегила 16б). Поэтому праздничная трапеза после обрезания – очень важная часть церемонии. Аризаль учил, что обрезание и следующая за ним праздничная трапеза содержат в себе очистительную духовную энергию, равную духовной энергии, возникающей после сорока дней поста. Однако веселиться куда приятнее, чем поститься.

# Другие книги рабби Дов-Бера Пинсона

Книги, переведенные на русский язык

———

## ВОЗВРАЩЕНИЕ К СЕБЕ

*На путях тшувы*

## УПШЕРИН (ОПШЕРНИШ)

*Смысл первой стрижки мальчика*

———

Книги в процессе перевода

## REINCARNATION AND JUDAISM:

*The Journey of the Soul*

## РЕИНКАРНАЦИЯ И ИУДАИЗМ

*Путешествие души*

## INNER RHYTHMS: *The Kabbalah of Music*

## ВНУТРЕННИЕ РИТМЫ

*Каббала музыки*

MEDITATION AND JUDAISM:

*Exploring the Jewish Meditative Paths*

МЕДИТАЦИЯ И ИУДАИЗМ

*Еврейские медитативные практики*


TOWARD THE INFINITE:

*The Way of Kabbalistic Meditation*

СТРЕМЛЕНИЕ К БЕСКОНЕЧНОСТИ

*Пути каббалистической медитации*


JEWISH WISDOM OF THE AFTERLIFE:

*The Myths, the Mysteries & Meanings*

ЕВРЕЙСКАЯ МУДРОСТЬ ПОСМЕРТНОГО

СУЩЕСТВОВАНИЯ

*Мифы, таинства и смыслы*


THIRTY – TWO GATES OF WISDOM :

*Awakening through Kabbalah*

32 ВРАТ МУДРОСТИ

*Пробуждение посредством каббалы*

THE PURIM READER:
*The Holiday of Purim Explored*
ПУРИМСКАЯ ХРЕСТОМАТИЯ
*Смысл праздника Пурим*

EIGHT LIGHTS: *8 Meditations for Chanukah*
ВОСЕМЬ ОГНЕЙ
*Восемь размышлений на Хануку*

THE IYYUN HAGADAH:
*An Introduction to the Haggadah*
АГГАДА ЦЕНТРА ИЮН
*Предисловие к Пасхальной Агаде.*

THE MYSTERY OF KADDISH:
*Understanding the Mourner's Kaddish*
ТАЙНА КАДИША
*Смысл кадиша скорбящего*

PASSPORT TO KABBALAH :

*A Journey of Inner Transformation*

ВИЗА В КАББАЛУ

*Путешествие с целью внутреннего преображения*


THE FOUR SPECIES:

*The Symbolism of the Lulav & Esrog*

ЧЕТЫРЕ ВИДА РАСТЕНИЙ

*Символика этрога и лулава*


WRAPPED IN MAJESTY:

*Tefillin- Exploring the Mystery*

ОБЛАЧЕННЫЙ В ВЕЛИЧИЕ

*Тайна тфилина*


THE GARDEN OF PARADOX:

*The Essence of Non Dual Kabbalah*

САД ПАРАДОКСОВ

*Суть недвойственной Каббалы*

# брит-мила

# Об авторе:

Рабби Дов-Бер Пинсон – всемирно известный исследователь, писатель и каббалист. Он пользуется всеобщим признанием как один из крупнейших знатоков подлинной каббалистической мудрости и еврейской философии. Благодаря своим книгам, лекциям и мудрым советам он смог установить контакт, и оказать влияние на судьбу тысяч людей, живущих по всему миру.

Рабби Пинсон – автор более 25 книг, часть из которых в настоящее время переводится на русский язык.

Рабби Пинсон является главой Иешивы Июн (IYYUN), а также деканом Центра еврейской духовности Июн (IYYUN Center for Jewish Spirituality) в Браунстоуне, Бруклин, Нью-Йорк.

www.IYYUN.com

# брит-мила

www.ingramcontent.com/pod-product-compliance
Lightning Source LLC
Chambersburg PA
CBHW030500100426
42813CB00002B/294